PARTICIPACIÓN CÍVICA
LUCHAR POR LOS DERECHOS CIVILES

EL MOVIMIENTO POR LOS DERECHOS CIVILES EN ESTADOS UNIDOS

Emily Mahoney

Traducido por
Esther Sarfatti

PowerKiDS
press.

Nueva York

Published in 2017 by The Rosen Publishing Group, Inc.
29 East 21st Street, New York, NY 10010

First Edition

Translator: Esther Sarfatti
Editorial Director, Spanish: Nathalie Beullens-Maoui
Editor, English: Caitlin McAneney
Book Design: Mickey Harmon

Photo Credits: Cover (image) -/Stringer/Getty Images; cover, pp. 1, 3–32 (background) Milena_Bo/Shutterstock.com; p. 5 (inset) Pacific Press/Contributor/Light Rocket/Getty Images; p. 5 (main) AFP/Stringer/AFP/Getty Images; p. 7 Hulton Archive/Staff/Hulton Archive/Getty Images; p. 9 (inset) https://en.wikipedia.org/wiki/Harriet_Tubman#/media/File:Harriet_Tubman_by_Squyer,_NPG,_c1885.jpg; p. 9 (main) UniversalImagesGroup/Contributor/Universal Images Group/Getty Images; p. 10 https://en.wikipedia.org/wiki/Abraham_Lincoln#/media/File:Abraham_Lincoln_O-55,_1861-crop.jpg; p. 11 https://en.wikipedia.org/wiki/American_Civil_War#/media/File:Union_soldiers_entrenched_along_the_west_bank_of_the_Rappahannock_River_at_Fredericksburg,_Virginia_(111-B-157).jpg; p. 13 (main) Library of Congress/Contributor/Corbis Historical/Getty Images; p. 13 (inset) https://en.wikipedia.org/wiki/W._E._B._Du_Bois#/media/File:WEB_DuBois_1918.jpg; p. 14 https://en.wikipedia.org/wiki/Malcolm_X#/media/File:Malcolm_X_NYWTS_2a.jpg; p. 15 https://en.wikipedia.org/wiki/Martin_Luther_King_Jr.#/media/File:Martin_Luther_King,_Jr._and_Lyndon_Johnson_2.jpg; pp. 17, 23, 25 Bettmann/Contributor/Bettmann/Getty Images; p. 19 Thomas D. McAvoy/Contributor/The LIFE Picture Collection/Getty Images; p. 21 Francis Miller/Contributor/The LIFE Picture Collection/Getty Images; p. 23 (inset) Everett Historical/Shutterstock.com; p. 24 p. 14 https://en.wikipedia.org/wiki/Lyndon_B._Johnson#/media/File:Lyndon_B._Johnson_Oval_Office_Portrait.tif; p. 25 Keystone/Stringer/Hulton Archive/Getty Images; p. 29 martinedoucet/Getty Images.

Cataloging-in-Publication Data

Names: Mahoney, Emily Jankowski, author.
Title: El Movimiento por los Derechos Civiles en Estados Unidos / Emily Mahoney.
Description: New York : PowerKids Press, [2017] | Series: Trabajar por los derechos civiles | Includes index.
Identifiers: ISBN 9781499433036 (pbk. book) | ISBN
 9781499432954 (6 pack) | ISBN 9781499433043 (library bound book)
Subjects: LCSH: African Americans–Civil rights–History–Juvenile
 literature. | Civil rights movements–United States–History–Juvenile
 literature. | United States–Race relations–Juvenile literature.
Classification: DDC 323.1196/073–dc23

Manufactured in the United States of America

CPSIA Compliance Information: Batch #BW17PK: For Further Information contact Rosen Publishing, New York, New York at 1-800-237-9932

CONTENIDO

LA LUCHA POR LA IGUALDAD DE DERECHOS

Mucha gente piensa en Estados Unidos como la tierra de la libertad. Sin embargo, durante la mayor parte de la historia estadounidense, las **minorías** han recibido un trato injusto. Los afroamericanos fueron uno de los primeros grupos en unirse para luchar por la igualdad de derechos. Su lucha se conoce como el movimiento estadounidense por los derechos civiles. Los afroamericanos tuvieron que luchar durante muchos años para conseguir el derecho al voto y el derecho a utilizar los mismos edificios y las mismas escuelas que los blancos.

Gracias al trabajo de líderes fuertes y activistas determinados, se ha conseguido la legislación necesaria para que los afroamericanos tengan los mismos derechos. No obstante, se continúa luchando para lograr la completa igualdad social.

La lucha por los derechos civiles ha sido larga y difícil. Mucha gente dio su vida por esta causa. Hoy, continúa la lucha por la justicia para todas las razas.

UN PASADO DE ESCLAVITUD

La esclavitud en Estados Unidos comenzó en 1619 cuando llegó un barco de africanos esclavizados a la colonia de Jamestown, en el estado actual de Virginia. Estos africanos posiblemente llegaran como sirvientes obligados por contrato, lo cual significaba que, después de trabajar durante un período, ganarían su libertad y, en algunos casos, dinero o tierra. Con el tiempo, este sistema se convirtió en esclavitud. Se consideraba que los esclavos eran buenos para la colonia porque eran baratos y resultaban útiles para el trabajo en las granjas.

La esclavitud continuó después de la fundación de Estados Unidos. Las plantaciones de tabaco y algodón crecían, y cada vez hacían falta más esclavos. A los esclavos se les trataba de forma violenta y se les obligaba a trabajar durante muchas horas. Se compraban y se vendían como bienes y, a menudo, las familias se dividían.

En 1789, Olaudah Equiano escribió un libro sobre su vida, titulado *La interesante narración de la vida de Olaudah Equiano, o Gustavus Vassa, el Africano*. Él había sido secuestrado de su casa en África y vendido como esclavo. Con el tiempo, consiguió comprar su libertad.

La rebelión

La mayoría de los esclavos no se rebelaban contra sus dueños por varias razones. Los terratenientes blancos castigaban o mataban a los esclavos que se rebelaban. Aun así, algunos esclavos intentaron escaparse de sus dueños y algunos se pronunciaron contra la esclavitud. Un esclavo llamado Nat Turner lideró una revuelta de esclavos en Virginia, en 1831. Su grupo mató a unos 60 blancos. Algunos afroamericanos, como Frederick Douglass, aprendieron a leer y escribir en secreto. Douglass usó sus conocimientos para escribir acerca de los horrores e injusticias de la esclavitud.

EL MOVIMIENTO ABOLICIONISTA

El movimiento que quería abolir, o acabar con, la esclavitud comenzó a crecer a partir del año 1830. Esto ocurrió por la misma época en que se creó un movimiento religioso llamado el Segundo Gran Despertar, que estaba a favor de la libertad para todos. Los que querían acabar inmediatamente con la esclavitud eran conocidos como abolicionistas radicales.

La mayor parte de los abolicionistas intentaban conseguir sus objetivos de forma pacífica. Uno de ellos, William Lloyd Garrison, comenzó a publicar un periódico llamado *The Liberator*, para poder compartir sus ideas. Otros se unían a la Sociedad Antiesclavista Estadounidense para demostrar su apoyo. Esta asociación se formó en 1833 y se mantuvo activa hasta 1870. En las reuniones de la asociación, los antiguos esclavos daban testimonio, o contaban sus historias. La gente que estaba en contra de estas actividades antiesclavistas a menudo protestaba violentamente. Las multitudes furiosas, a veces, atacaban a los que hablaban e interrumpían las reuniones.

Harriet Tubman

Mucha gente trató de ayudar a los esclavos a huir hacia la libertad a través de una red de rutas secretas y casas seguras conocida como el Ferrocarril Subterráneo. Harriet Tubman, una esclava que había escapado, ayudó a otros esclavos a alcanzar la libertad con el Ferrocarril Subterráneo.

ESTALLA LA GUERRA

En la guerra civil estadounidense lucharon los estados del Norte, también llamados la Unión, contra los estados del Sur, conocidos como la Confederación. La guerra comenzó a causa de las muchas diferencias que había entre las dos regiones, sobre todo por la esclavitud. El Sur dependía del trabajo de los esclavos, mientras que, para el año 1804, todos los estados del Norte habían abolido la esclavitud. El Sur se separó del resto de los estados y declaró su independencia como nueva nación. La guerra duró desde 1861 hasta 1865, y mucha gente perdió la vida durante esa época.

Abraham Lincoln

La elección de Abraham Lincoln, en 1860, fue una de las razones por las cuales los estados sureños dejaron la nación. Cuando Lincoln se presentó como candidato presidencial, prometió que no permitiría el aumento de la esclavitud en Estados Unidos. Lincoln quería que el país se mantuviera unido, a pesar de los desacuerdos sobre la esclavitud, y se negó a reconocer a los estados sureños como nueva nación. John Wilkes Booth, un hombre que apoyaba la Confederación, **asesinó** a Lincoln el 14 de abril de 1865.

Después de la guerra civil estadounidense, se aprobaron leyes importantes que dieron derechos a los afroamericanos. La Decimocuarta **Enmienda** dio la ciudadanía a todos los antiguos esclavos. La Decimoquinta Enmienda dio el derecho al voto a los hombres afroamericanos. Lamentablemente, hubo gente blanca que encontró formas de impedir que los negros votaran durante otro siglo.

En 1863, el presidente Abraham Lincoln emitió la Proclamación de Emancipación, que liberaba a todos los esclavos de los estados confederados. Sin embargo, la esclavitud no llegó verdaderamente a su fin hasta que no se rindió la Confederación en 1865. Ese año, la Decimotercera Enmienda a la Constitución de Estados Unidos hizo ilegal la esclavitud en todo el país.

EL MOVIMIENTO DE LA NAACP

El fin de la esclavitud no supuso el fin de la **discriminación**. Los estados sureños comenzaron a crear políticas y a aprobar leyes, llamadas códigos negros, que hicieron muy difícil, si no imposible, que los afroamericanos compraran tierras, consiguieran buenos trabajos o llevaran a los blancos a juicio. Gracias a las leyes de Jim Crow, la **segregación** se hizo legal. En 1896, en el caso de *Plessy contra Ferguson*, el Tribunal Supremo dijo que la segregación era legal, siempre que las instalaciones para blancos y negros fueran "separadas pero iguales".

La NAACP (Asociación Nacional para el Progreso de la Gente de Color) se creó en 1909 para tratar estos asuntos. El Fondo para la Defensa Legal y la Educación de la NAACP se estableció en 1939 como la rama legal de la organización. Disputaba las prácticas de votación injustas, luchaba contra la segregación en las universidades y en los autobuses que viajaban entre estados.

W. E. B. Du Bois, uno de los fundadores y líderes de la NAACP, editó su revista, *La crisis*, entre 1910 y 1934.

LIDERAZGO FUERTE

Para poder hacer cambios, el movimiento por los derechos civiles de Estados Unidos necesitaba un liderazgo fuerte. Uno de esos líderes fue el doctor Martin Luther King Jr. Él fue una persona clave del movimiento desde mediados de la década de 1950 hasta su muerte en 1968. Su elección como líder fue clara debido a su gran inteligencia y su pasión a la hora de luchar por la igualdad de los afroamericanos.

Malcolm X

Malcolm X fue otro líder importante en la lucha por la igualdad. Él no estaba de acuerdo con el punto de vista de Martin Luther King Jr. acerca de la protesta pacífica. Creía que hacían falta acciones más **agresivas** para llegar a la igualdad, y animaba a sus seguidores a defenderse, incluso si tenían que usar la violencia. Aunque su punto de vista era más extremo que el de King, ambos fueron grandes defensores de la igualdad. Malcolm X fue asesinado el 21 de febrero de 1965, durante una manifestación de su organización.

Lyndon B. Johnson

Martin Luther King Jr.

Martin Luther King Jr. fue asesinado el 4 de abril de 1968. A raíz de su asesinato, hubo disturbios en más de 100 ciudades de Estados Unidos.

King ayudó a organizar **boicots**, protestas y acciones legales. Mucha gente lo respetaba porque estaba a favor de hacer cambios sin recurrir a la violencia. Fue detenido muchas veces, pero eso lo ayudó a conseguir que su causa fuera más conocida. Sin el trabajo duro y la determinación de King, es posible que el movimiento no hubiera tenido el gran éxito que tuvo.

EL BOICOT DE AUTOBUSES DE MONTGOMERY

El movimiento por los derechos civiles de Estados Unidos se basaba en la idea de usar la paz en lugar de la violencia para conseguir la igualdad. Los miembros del movimiento usaban boicots y sentadas para dar a conocer su causa.

Un boicot importante tuvo lugar en Montgomery, Alabama, en 1955 y 1956. En aquel entonces, los afroamericanos tenían la obligación de ceder sus asientos a los blancos en los autobuses. Una mujer, llamada Rosa Parks, se negó a hacerlo y fue detenida por violar la ley. Rosa Parks inspiró a otros afroamericanos, quienes siguieron su ejemplo.

Pronto los activistas de los derechos civiles dejaron de usar la red de autobuses en Montgomery para demostrar su enfado por la injusticia de la ley. El departamento de transporte perdió dinero, y así el boicot consiguió mostrar la indignación de los afroamericanos sin recurrir a la violencia.

Rosa Parks participaba en el movimiento por los derechos civiles antes de negarse a ceder su asiento en el autobús. Ella era la secretaria de su oficina local de la NAACP.

Las sentadas

Las sentadas fueron un método efectivo de protesta no violenta durante el movimiento por los derechos civiles. Cuatro estudiantes universitarios afroamericanos en Greensboro, Carolina del Norte, organizaron la primera sentada en 1960. Se sentaron en la cafetería de unos grandes almacenes que solo servía a gente blanca, y pidieron café. Aunque los empleados no quisieron servirles, ellos se negaron a irse. Al día siguiente hicieron lo mismo, junto con más gente que se les había unido. En otras ciudades, la gente comenzó a imitarlos.

LOS NUEVE DE LITTLE ROCK

Debido a la segregación, los afroamericanos tenían que usar lugares públicos que eran **inferiores** a los que usaban los blancos. Era importante integrar a los afroamericanos, o poner fin a la segregación, en lugares como restaurantes y cines. Pero lo más importante era integrarlos en las escuelas para que todos los niños recibieran la misma educación.

A principios de septiembre de 1957, nueve estudiantes afroamericanos se presentaron en la Escuela Secundaria Central de Little Rock, Arkansas, hasta entonces solo para blancos, para comenzar las clases. La Guardia Nacional estatal no dejó que entraran en la escuela, pero los estudiantes no se dieron por vencidos. Más tarde ese mes, el presidente Dwight D. Eisenhower pidió soldados para que acompañaran a los "nueve de Little Rock" a sus clases. Fue un paso importante hacia el final de la doctrina de "separados pero iguales" en Estados Unidos.

Daisy Bates, la presidenta de la oficina de la NAACP de Arkansas, **reclutó** a los nueve de Little Rock. Los activistas sabían que mucha gente blanca protestaría por la integración de los estudiantes afroamericanos. Aun así, lucharon para conseguir el derecho a la igualdad en la educación.

Brown contra Consejo de Educación

Brown contra Consejo de Educación de Topeka fue uno de los casos más importantes vistos por el Tribunal Supremo durante el movimiento por los derechos civiles. En 1954, el Tribunal decidió que la segregación en las escuelas públicas era **anticonstitucional**. Según su sentencia, la doctrina de "separados pero iguales" no tenía cabida en la educación. El Tribunal Supremo señaló que, aunque se suponía que las escuelas eran "iguales", muchas de ellas no lo eran. Fue el comienzo de la igualdad en la educación, aunque pasarían años antes de que los afroamericanos estuvieran oficialmente integrados en las escuelas.

YO TENGO UN SUEÑO

Seguramente la manifestación más conocida de la lucha por los derechos civiles fue la Marcha sobre Washington. Más de 200,000 personas, tanto negras como blancas, se reunieron en Washington D. C. el 28 de agosto de 1963. Se manifestaban por el acceso igualitario al trabajo y la igualdad de derechos. Estas personas recorrieron las calles de la capital de la nación, pronunciando discursos, cantando canciones y rezando. Martin Luther King, Jr. dio su famoso discurso "Yo tengo un sueño". Sus palabras animaron a la gente a luchar para cambiar el trato injusto que recibían los afroamericanos.

Al final de ese día, hubo una importante reunión entre el presidente John F. Kennedy y los líderes de la marcha para hablar de cambios. En la Ley de Derechos Civiles de 1964 y la Ley de Derecho al Voto de 1965 se reflejan algunos de los cambios propuestos en la reunión.

El discurso "Yo tengo un sueño" es de los más famosos de la historia de Estados Unidos. Durante el discurso, King dijo: "Yo tengo un sueño: que mis cuatro hijos pequeños algún día vivan en una nación donde no sean juzgados por el color de su piel, sino por el contenido de su carácter".

VIOLENCIA CONTRA LOS AFROAMERICANOS

Antes y durante el movimiento por los derechos civiles, los afroamericanos se enfrentaron a la violencia por parte de los defensores de la supremacía blanca. Estas personas piensan que los blancos son superiores o mejores que las personas de otras razas. Creen que los blancos deberían tener el control sobre las personas de las demás razas.

El Ku Klux Klan se estableció en Tennessee en 1865. Los miembros del Ku Klux Klan causaban disturbios violentos contra los afroamericanos, sobre todo los que luchaban por la igualdad. Los miembros del Ku Klux Klan llevaban largas túnicas blancas con capucha. Quemaron edificios y mataron a mucha gente y activistas negros. Aunque el grupo se disolvió, sus miembros volvieron a ser activos en el Sur durante el movimiento por los derechos civiles. Los miembros del Ku Klux Klan golpearon y dispararon a los activistas y quemaron edificios. El 15 de septiembre de 1963, el Ku Klux Klan puso una bomba en la iglesia bautista de la calle 16 de Birmingham, Alabama. Por desgracia, hoy día el Ku Klux Klan todavía existe.

El Ku Klux Klan

En el atentado con bomba de la iglesia bautista de la calle 16 murieron cuatro niñas. Esta iglesia era un centro importante para la comunidad afroamericana de Birmingham, y este atentado fue una tragedia tremenda.

LA LEY DE DERECHOS CIVILES DE 1964

En 1964, el movimiento por los derechos civiles celebró una gran victoria para la justicia. El presidente Lyndon B. Johnson aprobó la Ley de Derechos Civiles de 1964. Esta ley acabó oficialmente con la segregación en los lugares públicos. También prohibió la discriminación laboral por motivos de raza, color, religión, sexo u origen nacional. Fue un paso muy importante para el movimiento porque acabó finalmente con las leyes basadas en la doctrina de "separados pero iguales", que habían existido desde la época de la guerra civil estadounidense.

Gracias a la Ley de Derechos Civiles de 1964, a los afroamericanos ya no se les podía negar el servicio en ningún comercio debido al color de su piel. Ya no podía haber segregación en lugares como parques, teatros, restaurantes y hoteles. Esta ley sigue en vigor hoy en día, y se ha extendido también a otros grupos minoritarios.

Lyndon B. Johnson

En su primer discurso sobre el estado de la nación, Johnson dijo: "Que esta sesión del Congreso sea conocida como la sesión que hizo más por los derechos civiles que las últimas cien sesiones juntas".

LA LEY DE DERECHO AL VOTO DE 1965

En 1965 hubo otra gran victoria para los afroamericanos cuando se aprobó la Ley de Derecho al Voto. Esta ley por fin permitió que los afroamericanos tuvieran voz en el gobierno. El presidente Johnson convirtió esta propuesta en ley al firmarla el 6 de agosto de 1965. Su propósito era proteger el derecho al voto de los afroamericanos a pesar de las leyes estatales y locales que se lo ponían difícil. Los impuestos de capitación y las pruebas de alfabetización impedían votar a muchos afroamericanos, a pesar de tener legalmente derecho a hacerlo.

La Ley de Derecho al Voto se aprobó en parte como respuesta a una marcha por el derecho al voto que partió de Selma, Alabama, el 7 de marzo de 1965. Esta marcha pacífica se volvió violenta cuando la policía estatal de Alabama atacó a los participantes. Algunos fueron golpeados y muchos resultaron heridos.

Estas mujeres afroamericanas esperan en la fila, en la Corte del Condado de Dallas, Alabama. Tienen la esperanza de poder votar.

LA LUCHA NO HA TERMINADO

Estados Unidos ha avanzado mucho desde los tiempos de la esclavitud, los códigos negros y la segregación. Gracias a líderes y activistas fuertes en el movimiento por los derechos civiles, los afroamericanos gozan de igualdad ante la ley. Actualmente, existen **iniciativas** para mejorar las oportunidades de la gente de grupos minoritarios en la educación y el mundo laboral.

Sin embargo, el racismo todavía existe en Estados Unidos. Las minorías no tienen suficiente representación en las ramas del gobierno. Hay más afroamericanos que blancos en las cárceles y a menudo reciben condenas más largas. La lucha por la igualdad social aún tiene un largo camino por recorrer.

¿Qué puedes hacer tú para ayudar? Trata a los demás con respeto y de manera justa, sean de la raza que sean. Educa a los demás acerca del movimiento estadounidense por los derechos civiles celebra el trabajo y el **legado** de los líderes que dieron su vida por la igualdad.

El primer paso hacia el fin de la discriminación de cualquier tipo es ser tolerante y aceptar a la gente que es diferente a ti.

CRONOLOGÍA DEL MOVIMIENTO POR LOS DERECHOS CIVILES

1787
Se llega al Acuerdo de los Tres Quintos durante la Convención Constitucional de Estados Unidos. Según el acuerdo, cada esclavo cuenta como tres quintas partes de una persona a la hora de calcular la representación de un estado en el gobierno.

1831
Nat Turner lidera una revuelta de esclavos en Virginia.

1861
Comienza la guerra civil estadounidense.

1865
Acaba la guerra civil estadounidense.

1870 (década)
Se aprueban las primeras leyes de Jim Crow. Estas leyes imponían la segregación en los estados sureños.

1909
Se establece la NAACP.

1954
El Tribunal Supremo decide que la segregación de las escuelas públicas es ilegal en el caso de *Brown contra Consejo de Educación*.

1955
Rosa Parks se niega a ceder su sitio a un pasajero blanco en el autobús.

1956
El boicot de autobuses de Montgomery termina con la victoria de los afroamericanos.

1963
Martin Luther King, Jr. pronuncia su discurso "Yo tengo un sueño" en la Marcha sobre Washington.

1964
Se aprueba la Ley de Derechos Civiles.

1965
Se aprueba la Ley de Derecho al Voto.

GLOSARIO

agresivo: De forma enérgica y con determinación.

anticonstitucional: No permitido por la constitución de un país o gobierno.

asesinar: Matar a alguien.

boicot: Unirse a otras personas para negarse a comprar o tratar con una persona, una nación o un negocio.

discriminación: El hecho de tratar injustamente y de forma diferente a alguien a causa de su raza o sus creencias.

enmienda: Un cambio o añadido a una constitución.

inferior: Menos o peor que otra cosa.

iniciativa: Un programa cuya intención es resolver un problema.

legado: Los efectos duraderos de una persona o cosa.

legislación: Leyes.

minoría: Un grupo de personas que de alguna manera son diferentes de la población general.

reclutar: Buscar gente con ciertas características para conseguir que se unan a una organización o causa.

segregación: La separación forzosa de la gente basada en raza, clase u origen étnico.

ÍNDICE

SITIOS WEB

Debido a la naturaleza cambiante de los enlaces de internet, PowerKids Press ha elaborado una lista de sitios web relacionados con el tema de este libro. Este sitio se actualiza de forma regular. Por favor, utiliza este enlace para acceder a la lista:
www.powerkidslinks.com/civic/civil